MÉTHODE PRATIQUE

DE

MUSIQUE VOCALE

PARIS. — IMPRIMERIE CHARLES BLOT
7, RUE BLEUE, 7

A M. CH. GOUNOD

MÉTHODE PRATIQUE

DE

MUSIQUE VOCALE

A l'usage des Orphéons et des Écoles

Approuvée par le Conservatoire de Paris, le Conservatoire de Bruxelles et par la Société pour l'Instruction élémentaire

MÉDAILLE D'ARGENT, 1re NOMINATION, A L'EXPOSITION UNIVERSELLE DE 1867

PAR

Professeur de Chant et Maître de Chapelle au Lycée Saint-Louis

Officier d'Académie

L'ouvrage est divisé en 3 parties qui se vendent séparément

CHAQUE PARTIE : 1 FRANC

TROISIÈME PARTIE

PARIS

LIBRAIRIE HACHETTE ET Cie

79, BOULEVARD SAINT-GERMAIN, 79

ET CHEZ LES PRINCIPAUX MARCHANDS DE MUSIQUE

MÉTHODE PRATIQUE DE MUSIQUE VOCALE

TROISIÈME PARTIE

ÉTUDE DU RHYTHME

(𝅘𝅥𝅯)

MESURE A 2 TEMPS (2/4)

1

MESURE A 3 TEMPS (3/4)
838
839
840
841
842
843
844
845
846
847
MESURE A 4 TEMPS (4/4)
848
849
850
851

852
853
854
855
856
857
MESURE A 2 TEMPS. (6/8)
858
859
860
861
862
863
864
865
866
867

MESURE À 3 TEMPS (9/8)
868
869
870
871
872
873
874
875
876
877
MESURE A 4 TEMPS. (12/8)
878
879
880
881
882
883
884

885
886
887
MESURE A 3 TEMPS. (3/8)
888
889
890
891
892
893
894
895
896
897

EXERCICES A 2 PARTIES

(1) *Il est indispensable, avant de commencer à solfier un morceau de musique, d'en vérifier le ton et le mode, et d'en chanter la gamme ou l'accord parfait.*

902
903
904
905

906
907
908
A
B
909

910
911
Andantino.
1re Partie
2e Partie
3e Partie
912

913

914

915

916

pour finir.

917

918

919

920

921

922

923

924

925

926

927

928

929

930
931
932
933

(1) *L'élève trouvera à la table alphabétique* (Page 242) *l'explication des mots nouveaux qui servent à modifier le mouvement et les nuances.*

935

936

937

938

939

940
941
942
943

944

945

946

947

951 Allegretto.

1re Partie

2^e Partie

3e Partie

LE DOUBLE-POINT

Le double-point (..) prolonge de trois quarts la durée d'une note ou d'un silence.

952

953

954

SIXAIN, DOUBLE-TRIOLET.

On appelle sixain un groupe de six notes, mis par exception à la place d'un groupe de quatre.

Au dessus ou au dessous de chaque sixain, se trouve le chiffre 6.

Il faut se garder de confondre la réunion de *deux triolets* avec le *sixain*. Dans le *double triolet* les six notes sont divisées en deux groupes de trois notes et non en trois groupes de deux notes comme celles du *sixain*.

Exemple.

Il est facile de comprendre qu'en raison de l'accentuation qu'on donne ordinairement à ces divisions, l'effet rhythmique doit être tout différent.

On peut employer les silences dans la formation des triolets ou des sixains, la valeur du silence est égale alors à celle de la note dont il tient la place

956

957

ÉTUDE DU RHYTHME.

MESURE A 2 TEMPS $\left(\frac{6}{8}\right)$

979
980

DE LA MÉLODIE.

On appelle mélodie une succession de sons formant un sens complet et agréable à l'oreille.

PHRASE MUSICALE. _ PÉRIODE.

La mélodie, comme le discours, se divise en phrases et en périodes.
La phrase musicale qui se compose ordinairement de quatre mesures, offre un sens relativement achevé. Elle est elle-même ponctuée par de légers repos qui se présentent le plus souvent de deux en deux mesures, et qui trouvent presque toujours leur place soit sur la dominante ou la sous-dominante, soit sur la tonique. C'est entre ces membres de phrase qu'on peut, en chantant, reprendre haleine. ___ Le temps nécessaire à la respiration se prend sur la durée de la dernière note du membre de phrase, à moins que cette note ne soit suivie d'un soupir ou de tout autre signe de silence.

La *période* est la réunion de plusieurs phrases: elle forme une pensée musicale.

Exemple.

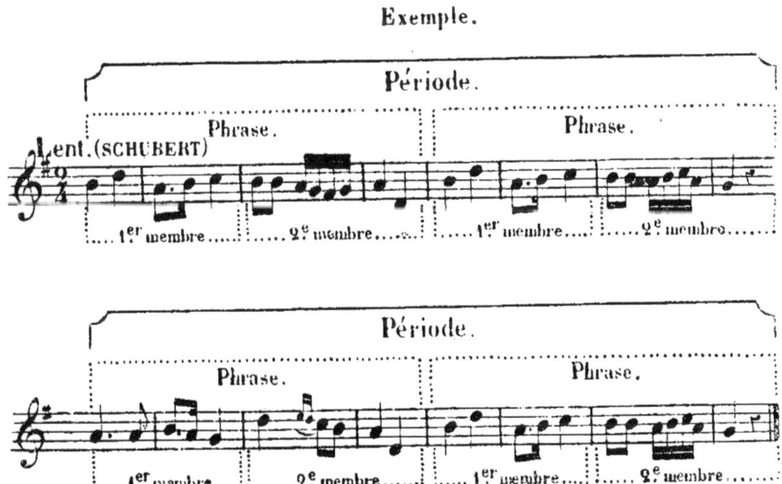

RECAPITULATION.

Allegro.
983
Allegretto.
984

Andante con moto.
985
1ª
2ª
Allegro non troppo.
986

All.tto con espressione.
987
rall.
1º tempo
1º tempo.

988
Andante con moto.
1.re Partie.
2.e Partie.
3.e Partie.
989

990 Allegretto.

1re Partie.

2e Partie.

3e Partie.

991 Andante cantabile.

Andante
992
Allegretto.
993
Andante
994

Allegro.
995
Allegretto.
996

997

Andantino grazioso.
1re Partie.
2e Partie.
3e Partie.
p
cresc.
un poco rall.
a tempo.
sf
rit.
Alltto cantabile.
998

Andante simplice.
999

All° moderato.
1000
All^{tto} semplice.
1001

Andantino.
1002

Andante.
1003

1004. Allegro.

1005.

And^te con moto.
1006.
And^te grazioso.
1007.
roll:

I°. tempo.

I°. tempo.

1008. Allegro.

Adagio.
1009.
All° moderato.
1010.

Andante.
1011.

1012. Moderato.
1re Partie.
2e Partie.
3e Partie.
sf
p
cresc:
mf
f
dim:
rall:
Allegretto.
1013.

Allegretto.
1014.

Allegretto.
1015
All^tto bien rhythme
1016.
Larghetto.
1017.

Allegro
1018

Adagio.
1019.
All° moderato.
1020.

Andante
1021.

Andante.
1022.
Andantino.
1023
Adagio.
1024.

1025. Allegro.
1re Partie.
2e Partie.
3e Partie.
p Leggiero.
p Leggiero.
p Leggiero
mf
mf
mf
Dim.
Dim.
Dim.
p
p
p
Rall.

I° tempo.
p
I° tempo.
p
I° tempo.
p
cresc.
cresc:
cresc:
mf
mf
mf
f
f
f
Allegretto.
1026.

1027

1028

Largbetto.
1029

1030. Allegretto.

Adagio.

1031

1032 Andante.

1re Partie.

legato.

2e Partie.

legato.

3e Partie.

legato.

1033.
Adagio.
1re Partie.
2e Partie.
3e Partie.
p
p
p
sf

All° non troppo.

1034

rall:

I° tempo.

PETITE NOTE SIMPLE.

La *petite note* (♩) que les Italiens appellent *Appogiature* prend ordinairement la moitié de la valeur de la note dont elle est suivie, lorsque cette note peut se diviser par 2, et le tiers lorsqu'elle peut se diviser par 3.(1)

Les petites notes ne comptent pas dans la valeur de la mesure.

PETITE NOTE BRÈVE.

La petite note brève (♪) doit s'exécuter très vivement.

(1) *On ne peut guère d'ailleurs poser de règle absolue relativement à la valeur à donner aux notes d'agrément, cette valeur dépendant beaucoup du goût de l'exécutant. Aussi les compositeurs préfèrent écrire leurs appogiatures en notes ordinaires, dont la valeur est déterminée et les petites notes simples se rencontrent rarement dans l'écriture moderne.*

DES PETITES NOTES

DU GROUPE

Le *Groupe* (∾) ou *Grupetto* est composé de quatre petites notes tournant au tour de la note principale.

DU TRILLE.

Le *Trille* (*tr*) consiste dans le battement alternatif de la note sur laquelle est posé le signe avec la note supérieure. Ce battement doit être exécuté avec une grande rapidité.

REMARQUE. Le *Point d'orgue* (page 84) est quelquefois suivi d'un certain nombre de petites notes qui n'appartiennent point à la mesure et se chantent à volonté.

CHANT AVEC PAROLES

Dans un chant avec paroles, lorsque des croches qui se suivent correspondent chacune à une syllabe particulière, elles ne doivent pas être réunies par un même trait. On les écrit separément, comme ci-dessous. (*Ne pas respirer au milieu d'un mot.*)

MESURES DOUBLES et SOUS-DOUBLES.

On se servait autrefois des mesures doubles $\frac{3}{2}$ $\frac{4}{2}$ $\frac{6}{4}$ $\frac{9}{4}$ et des mesures sous-doubles $\frac{2}{8}$ $\frac{3}{8}$ $\frac{4}{8}$ $\frac{9}{16}$ (Voyez pages 19 et 88) Ces mesures fort inutiles, puisqu'elles n'offrent à l'oreille de l'auditeur aucune différence avec les mesures $\frac{3}{4}$ $\frac{4}{4}$ $\frac{6}{8}$ $\frac{9}{8}$ et $\frac{2}{4}$ $\frac{3}{4}$ $\frac{4}{4}$ $\frac{9}{8}$, sont aujourd'hui à peu près abandonnées, à l'exception de la mesure à $\frac{3}{8}$ que l'usage a conservée. (Voyez page 151)

Nous nous bornerons à donner un seul exemple de chacune de ces anciennes mesures.

EXERCICES A 2 PARTIES.

1044
1045.
1046
1047.

GENRE ENHARMONIQUE.

Un même son, représenté par deux notes différentes, constitue le *genre enharmonique*.

Les deux notes *Do dièse* et *Ré bémol*, représentant toutes les deux le son intermédiaire entre *Do* et *Ré*, sont dites enharmoniques l'une de l'autre; de même *Ré dièse* est enharmonique de *Mi bémol*, *Fa dièse* est enharmonique de *Sol bémol*. etc.

L'enharmonie est une conséquence de la loi de formation des gammes. Nous savons en effet que toute gamme diatonique procède par une suite de degrés conjoints et que chacun de ces degrés porte un nom différent. Soit, par exemple, la gamme de *Si*: le second degré se nommera *Do*; le troisième, *Ré*: le quatrième, *Mi*; etc ... Supposons maintenant que le *Si* tonique soit naturel; le 3e degré (*ré*) sera affecté d'un ♯ (EX: 1.) Supposons le *Si* tonique bémolisé, le 4e degré (*mi*) sera affecté d'un ♭ (EX: 2.) Or le *Ré* ♯ et le *Mi* ♭, sont identiques comme son. Voilà donc un même son qui porte très légitimement deux noms distincts, puisqu'il peut être tantôt le 3e, tantôt le 4e degré d'une gamme diatonique dont le point de départ est *Si*.

Telle est l'origine des enharmoniques; relativement à l'écriture musicale, c'est une question d'ortographe

La gamme majeure de *Fa* ♯ et son enharmonique la gamme de *Sol* ♭ peuvent tenir lieu l'une de l'autre ainsi que leurs relatives.

Il y a avantage à remplacer la gamme majeure de *Do* ♯ et sa relative par leurs enharmoniques, la gamme de *Ré* ♭ et sa relative, puisque le ton de *Do* ♯ exige 7 dièses à la clef tandis que le ton de *Ré* ♭ ne comporte que 5 bémols.

Il y a également avantage à remplacer la gamme majeure de *Do* ♭ et sa relative par leurs enharmoniques, la gamme de *Si* et sa relative.

EXERCICES A 2 PARTIES.

DES CLEFS.

L'étendue de la voix humaine, comprise depuis les sons les plus graves des voix d'hommes jusqu'aux sons les plus aigus des voix de femmes, est à peu près de quatre octaves. On conçoit qu'une pareille échelle de sons ne pourrait être representée sur la portee ordinaire, sans le secours d'un nombre considérable de lignes supplémentaires, ce qui rendrait la lecture fort embarassante. Les *Clefs* ont été inventées pour obvier à cet inconvénient. Elles indiquent que les notes qui les suivent appartiennent à telle ou telle region de l'échelle générale des sons. (Voyez N° 1.)

Autrefois chaque genre de voix avait sa clef particuliere; mais à présent il est reconnu que deux clefs peuvent suffire aux besoins de la musique vocale et l'on n'emploie guère aujourd'hui que la *Clef* de *Fa* 4e ligne pour les voix graves d'hommes et la *Clef* de *Sol* 2e ligne pour les voix aigües. (Voyez N° 2.)

Quand aux voix intermédiaires, (la voix de ténor par exemple) pour éviter l'inconvénient de les écrire alternativement sur les deux clefs, on les écrit à la *Clef* de *Sol*, c'est-à-dire à l'octave supérieure, mais en ayant soin d'indiquer au commencement du morceau à quel genre de voix il est destiné.

TRANSPOSITION

Transposer c'est changer la tonalité d'un morceau, c'est-à-dire l'élever ou l'abaisser pour le mettre à la portée des voix et des instruments.

TRANSPOSITION ÉCRITE OU TRANSCRIPTION.

Pour transcrire un morceau dans un ton donné, en lui conservant sa clef, il faut 1º élever ou abaisser la tonique et toutes les autres notes d'un ou plusieurs degrés selon le ton que l'on a choisi; 2º armer la clef des accidents qui constituent la tonalité nouvelle; 3º modifier au besoin les signes accidentels qui peuvent se rencontrer dans le courant du morceau.

MÉLODIE A TRANSPOSER.

Ex:

Mélodie ci-dessus transposée d'une tierce mineure. Transposée d'une tierce majeure.

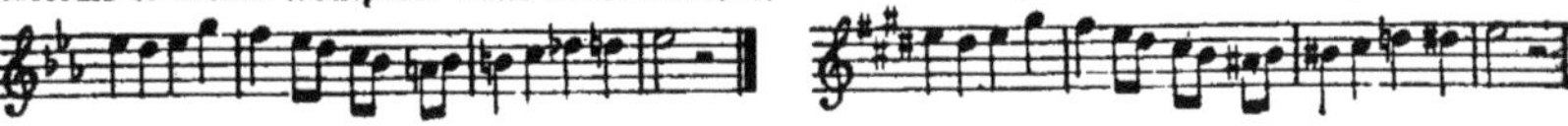

On voit par les exemples, qu'il est un cas spécial ou la transposition n'exige pas le déplacement des notes: c'est lorsque les deux toniques sont de même nom, et ne diffèrent que par le signe accidentel.

TRANSPOSITION A VUE.

Il peut se faire que l'exécution d'un morceau écrit trop haut ou trop bas, exige une transposition immédiate, une transposition de lecture, et c'est alors que la connaissance et la pratique des clefs sont indispensables. La position des notes restant la même, l'exécutant doit supposer une clef qui donne à ces notes leurs noms nouveaux, mais pas toujours leur vrai diapason; (Voyez tableau 1 page 232) il doit armer selon la tonalité cette clef imaginaire, et se rendre compte des modifications qu'auront à subir les altérations accidentelles.

MÉLODIE A TRANSPOSER UN TON PLUS BAS.

Ex:

Il faut supposer la clef de Do, 4e ligne, mais lire celle-ci une octave plus haut que son diapason réel.

Ex:

Pour transposer cette mélodie un ton plus haut, il faut supposer la clef de Do, 3e ligne.

Ex:

TABLEAU DES CHANGEMENTS DE CLEFS POUR LA TRANSPOSITION.

EXERCICES A 2 PARTIES

sur les différentes clefs. (1)

(1) Ces leçons sont extraites des solféges d'Italie, conservatoire, etc.

Clef de DO
2e. ligne.
fa sol la si DO ré mi fa sol la si do ré mi fa
1053.
1054.

Clef de DO
3e. ligne.
ré mi fa sol la si DO ré mi fa sol la si do ré
Andantino.
1055.
Larghetto.
1056.

Clef de DO
4e ligne
si do ré mi fa sol la si DO ré mi fa sol la si
Allegretto.
1057
FIN.
Moderato.
1058.

Andante.
1059.
FIN.

Allegretto.
1060.

(NOTA.) On faisait aussi usage autrefois de la clef de *Sol* 1re ligne, qui n'est autre que la clef de *Fa* 4e, avec cette différence que le diapason de cette clef est supérieur de 2 octaves à celui de la clef de *Fa*. Cette clef n'est plus usitée.

DES SILENCES APPELÉS BATONS DE MESURE.

Le silence de deux mesures s'indique au moyen d'une petite barre placée entre la 3e et la 4e ligne. Pour les silences de quatre mesures, on emploie une barre plus longue qui s'étend de la 2e ligne à la 4e.

Dans l'écriture moderne on emploie plus souvent une barre inclinée au-dessus de laquelle est écrit le nombre de mesures qui doivent être passées en silence. Ce signe se rencontre fréquemment dans les parties separées d'un morceau d'ensemble.

DES ABRÉVIATIONS. (1)

(1) *Les abréviations sont usitées surtout dans la musique instrumentale.*

TABLE ALPHABÉTIQUE DES MOTS ITALIENS
et des termes usités dans la musique vocale. (1)

Abréviations....(Voyez page 241.)
Accelerando ou Accel: En pressant.
Accidents.....Bémols, dièses ou bécarres employés dans le courant d'un morceau
Accord.......Sons simultanés formant un tout harmonique.
Accord parfait..(V. p. 7.)
Acoustique.....Doctrine ou théorie des sons
Adagio........(V. p. 17.)
Ad libitum.....A volonté.
Affettuoso......Expression douce
Agitato........Agité.
Agréments.....(Voyez ornements.)
Air..........Pièce de musique à une seule partie principale.
Alla polacca..Mouvement moins vite que l'Allegro.
Allegretto ou All^{tto} (V. p. 17.)
Allegro ou All^{o}. (V. p. 17.)
Al segno.......Retourner au signe
Altération......Emploi des accidents.
Andante.......(V. p. 17.)
Andantino......(V. p. 17.)
Animato.......Animé.
A piacere.....A volonté.
Appogiature....(V. p. 224.)
Armure.......(V. p. 93.)
Assai.........Beaucoup
A tempo.......Reprendre le 1er mouvement
Barres de mesure. (V. p. 18.)
Baryton.......Voix d'homme qui tient le milieu entre le Ténor et la Basse.
Basse.........La plus grave des voix d'homme
Bâtons de mesure. (V. p. 241.)
Bécarre.......(V. p. 48.)
Bémol.........(V. p. 48.)
Ben marcato...Bien marqué
Blanche.......(V. p. 18.)
Brio..........Brillant
Broderies.....(Voyez ornements.)
Canon.........(V. p. 23.)
Cantabile.....Chanter avec goût, avec grâce. Mouvement lent
Chant.........Suite de sons qui forment un sens agréable à l'oreille.
Choriste.......Qui chante dans les chœurs.
Chromatique....(V. p. 48-86.)
Clefs..........(V. p. 1-232.)
Coda..........Péroraison d'un morceau.
Colla voce....Suivre la voix.
Comma........Neuvième partie d'un ton
Con anima.....Avec âme.
Con calore.....Avec chaleur
Con delicatezza Avec délicatesse
Con espressione. Avec expression
Con forza.....Avec force
Con fuoco.....Avec feu.
Con grazia....Avec grâce
Con gusto......Avec goût.
Con moto......Avec mouvement
Consonnance...Accord de deux sons dont l'union plaît à l'oreille.
Contralto.....La plus grave des voix de femme
Contre-temps..(V. p. 77.)
Coryphée......Soliste des chœurs
Crescendo ou Cresc: En augmentant de force
Croche........(V. p. 18.)
Da Capo ou D.C. Retourner au commencement du morceau.
Decrescendo ou Decresc: En diminuant de force.
Degré.........(V. p. 1-5.)
Demi-pause....(V. p. 18.)
Demi-soupir...(V. p. 18.)
Demi-ton......(V. p. 6.)
Dessus........Voix de femmes et d'enfants
Diapason......Echelle des sons qu'une voix peut parcourir. Petit instrument qui sert à donner le ton
Diatonique.....(V. p. 6-48.)
Dièse.........(V. p. 48.)
Diminuendo ou Dim: En diminuant de force.
Disjoint.......(V p. 5.)
Dissonance....Intervalle qui n'est point consonnant.
Do............Syllabe qu'on substitue en solfiant à celle d'Ut. (Voyez Ut.)
Dolce ou Dol...Doux.
Doloroso.......Douloureux.
Dominante.....(V. p. 7.)
Double bémol..(V. p. 143.)
Double dièse..(V. p. 143.)
Double point...(V. p. 182.)
Double triolet..(V. p. 184.)
Duo...........Morceau à 2 parties.

(1) Les définitions adoptées par nous sont celles que l'usage a consacrées. Nous ne nous dissimulons pas ce que beaucoup d'entre elles ont d'insuffisant; mais il ne nous était pas possible de surcharger ce tableau de

Enharmonie	(V. p. 230.)
Entrée	Moment où une partie commence.
Espressivo ou Espress:	Avec expression.
Fa	Une des 7 syllabes dont on se sert pour solfier les notes.
Fausset	C'est ainsi que l'on appelait autrefois la voix de tête.
Finale	Terminaison d'une composition musicale.
Forte ou f	Fort.
Fortissimo ou ff	Très fort.
Gamme	(V. p. 1.)
Genre chromatique	(V. p. 86.)
Genre diatonique	(V. p. 6.)
Genre enharmonique	(V. p. 230.)
Grave	Mouvement très lent
Grazioso	Gracieux.
Grupetto	(V. p. 226.)
Harmonie	Concours et accord de sons; succession d'accords.
Haute-contre	La plus aigüe des voix d'homme.
Intervalle	(V. p. 5.)
La	Une des 7 syllabes dont on se sert pour solfier la musique.
Languido	Languissant.
Larghetto	(V. p. 17.)
Largo	(V. p. 17.)
Lecture rhythmique	Nommer les notes ou les valeurs en battant la mesure.
Legato ou Leg:	Lié.
Leggiero	Légèrement.
Lento	(V. p. 17.)
Liaison	(V. p. 22.)
Louré	Soutenir les sons en appuyant sur la 1.re note de chaque temps.
Maestoso	Majestueusement.
Majeur	(V. p. 7.)
Marcato	Marqué.
Médiante	(V. p. 7.)
Mélodie	(V. p. 189.)
Mesure	(V. p. 17-228.)
Métronome	Instrument qui marque le degré de lenteur ou de vitesse de chaque temps.
Mezzo forte ou mf.	Demi-fort.
Mi	Une des 7 syllabes dont on se sert pour solfier la musique.
Mineur	(V. p. 7.)
Mode	(V. p. 57.)
Moderato	(V. p. 17.)
Modulation	(V. p. 98.)
Molto	Beaucoup.
Mosso	Animé.
Mouvement	(V. p. 17.)
Musique	Science du rapport et de l'accord des sons
Noire	(V. p. 18.)
Non troppo	Pas trop.
Notes	Signes ou caractères dont on se sert pour noter, c'est-à-dire pour écrire la musique.
Notes modales	Qui caractérisent le mode. Elles occupent le 3.e, 6.e et 7.e degré de la gamme.
Notes naturelles	(V. p. 58.)
Notes tonales	Qui constituent le ton. Elles occupent le 1.r, 4.e et 5.e degré de la gamme.
Nuances	(V. p. 29.)
Octave	(V. p. 6.)
Octuor	Morceau à 8 parties
Ornements du chant	(V. p. 224.)
Partition	Tableau de toutes les parties d'une composition musicale.
Pause	(V. p. 18-21.)
Perdendosi	Diminuer de force.
Petite note	(V. p. 224.)
Période	(V. p. 189.)
Phrase	(V. p. 189.)
Piano ou p	Doux.
Pianissimo ou pp	Très doux
Più vivo	Plus vite
Poco a poco	Peu à peu
Point	(V. p. 30.)
Point d'arrêt	(V. p. 84.)
Point d'orgue	(V. p. 84.)
Portamento	Porter un son sur un autre par une liaison accentuée
Portée	(V. p. 1.)
Prestissimo	Le plus vite possible
Presto	Très vite
Progression	Suite de rapports égaux
Quadruple-croche	(V. p. 18.)
Quart de soupir	(V. p. 18.)
Quarte	(V. p. 6.)
Quatuor	Morceau à 4 parties
Quinte	(V. p. 6.)
Quintette	Morceau à 5 parties.
Rallentando ou Rall:	En rallentissant

commentaires, et nous avons dû nous en rapporter pour les explications, souvent nécessaires, à l'expérience du professeur

Ré .... Une des 7 syllabes dont on se sert pour solfier les notes
Relatif .... (V. p. 57.)
Religioso ...... Style religieux.
Renvoi 𝄋 ...... Correspond à un autre signe semblable et indique qu'il faut revenir du second signe au 1er
Reprise ...... (V. p. 23.)
Rhythme .... (V. p. 17.)
Rinforzando ou Rinf: En renforçant
Risoluto .... Résolument.
Ritardando ou Ritard: En rallentissant.
Ritenuto ou Rit: Retenu.
Ronde .... (V. p. 18.)
Scherzando ou Scherz: Exécution légère et enjouée.
Scherzo........ Mouvement vif
Seconde .... (V. p. 6.)
Semplice....... Simplement.
Sempre......... Toujours.
Sensible .... (V. p. 7.)
Septième....... (V. p. 6.)
Septuor........ Morceau à 7 parties.
Sextuor........ Morceau à 6 parties.
Sforzando ou sf En renforçant.
Sforzato ou sfz Forcé subitement.
Si........... Une des 7 syllabes dont on se sert pour solfier les notes.
Siciliano...... Mouvement un peu plus vite que l'Andantino.
Signes accidentels. (Voyez accidents.)
Signes altératifs. (V. p. 48.)
Silences ...... (V. p. 18.)
Sixain......... (V. p. 184.)
Sixte.......... (V. p. 6.)
Smorzando ou Smorz: En diminuant.
Sol .... Une des 7 syllabes dont on se sert pour solfier les notes.
Solfége....... Leçon ou recueil de leçons de musique vocale.
Solfier....... C'est, en entonnant des sons, prononcer en meme temps les syllabes de la gammequi leur correspondent.
Soli.......... Solo exécuté par plusieurs voix.
Solo .... Seul.
Solmisation .... Action de solfier.
Soprano..... Voix de femmes et d'enfants, et la plus haute des parties vocales
Sons détachés... (V. p. 154.)
Sons liés...... (V. p. 154.)
Son musical. Celui dont on peut déterminer le degré de gravité ou d'acuité.
Sostenuto ..... Soutenir.
Sotto voce...... A demi-voix.
Sous-dominante. (V. p. 7.)
Soupir......... (V. p. 18.)
Sus-dominante.. (V. p. 7.)
Sus-tonique.... (V. p. 7.)
Staccato ou Stacc: Détacher les sons.
Strette......... Mouvement rapide.
Stringendo..... En pressant.
Syncope....... (V. p. 22.)
Tacet......... Silence qu'une partie doit garder pendant la durée d'un morceau.
Temps......... (V. p. 17.)
Tempo 1º...... Reprendre le 1er mouvement.
Tempo giusto.. Temps juste, ni trop lent, ni trop vite.
Tempo di marcia. Mouvement de marche.
Tempo di minuetto. Mouvement de menuet, moins vite que l'Allegro.
Tempo di polacca. Mouvement de l'Allegretto.
Ténor......... Voix aigüe d'homme.
Tenue........ Prolongement d'un son pendant plusieurs mesures.
Tenuto......... Soutenir les notes
Tétracorde..... (V. p. 7.)
Thème........ Air sur lequel on compose des variations.
Tierce......... (V. p. 6.)
Ton........... (V. p. 6.)
Tonique....... (V. p. 7.)
Transposition... (V. p. 233.)
Transition..... Moment ou l'on passe d'un ton dans un autre.
Trille .... (V. p. 227.)
Triolet .... (V. p. 99)
Trio .... Morceau à 3 parties
Triton......... (V. p. 7.)
Tutti.......... Tous
Unisson .... (V. p. 5)
Ut........... Une des 7 syllabes dont on se sert pour solfier les notes
Variations .... Ornements ajoutés à un thème musical et qui laissent subsister le fond de la mélodie et du mouvement.
Vivace .... Mouvement vif.
Vocale......... Qui s'énonce par la voix.
Vocaliser...... Chanter sur une voyelle.
Volti subito ou V. S. Tourner vite.

FIN.

TABLE DES MATIÈRES.

contenues dans la troisième partie.

THÉORIE.

PRATIQUE.

ÉTUDE DU RHYTHME (𝅘𝅥𝅮)

LEÇONS A 2 ET A 3 PARTIES.

FIN.

IMPRIMERIE BREVETÉE CHARLES BLOT
7, rue Bleue, 7

www.ingramcontent.com/pod-product-compliance
Ingram Content Group UK Ltd.
Pitfield, Milton Keynes, MK11 3LW, UK
UKHW020936180726
13838UKWH00002B/977